T0088196

Learn to
DRAW
People

Learn to DRAW People

How to Draw like an Artist in 5 Easy Steps

FOR
YOUNG
READERS

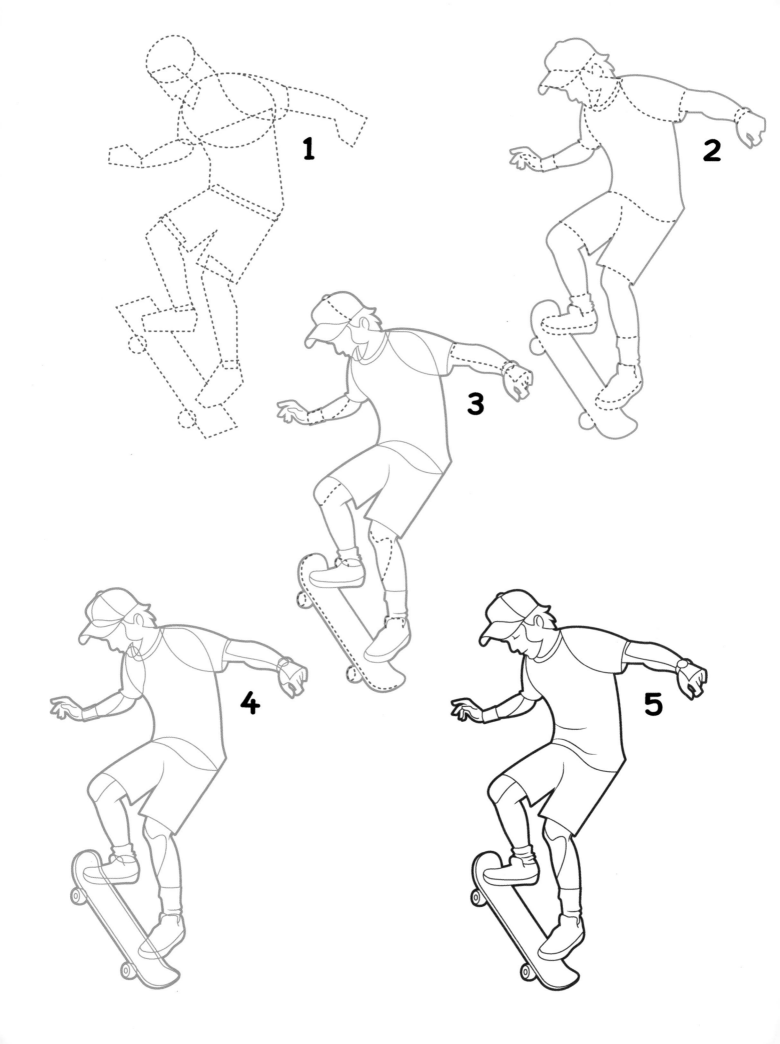

1

2

3

4

5

Practice Page

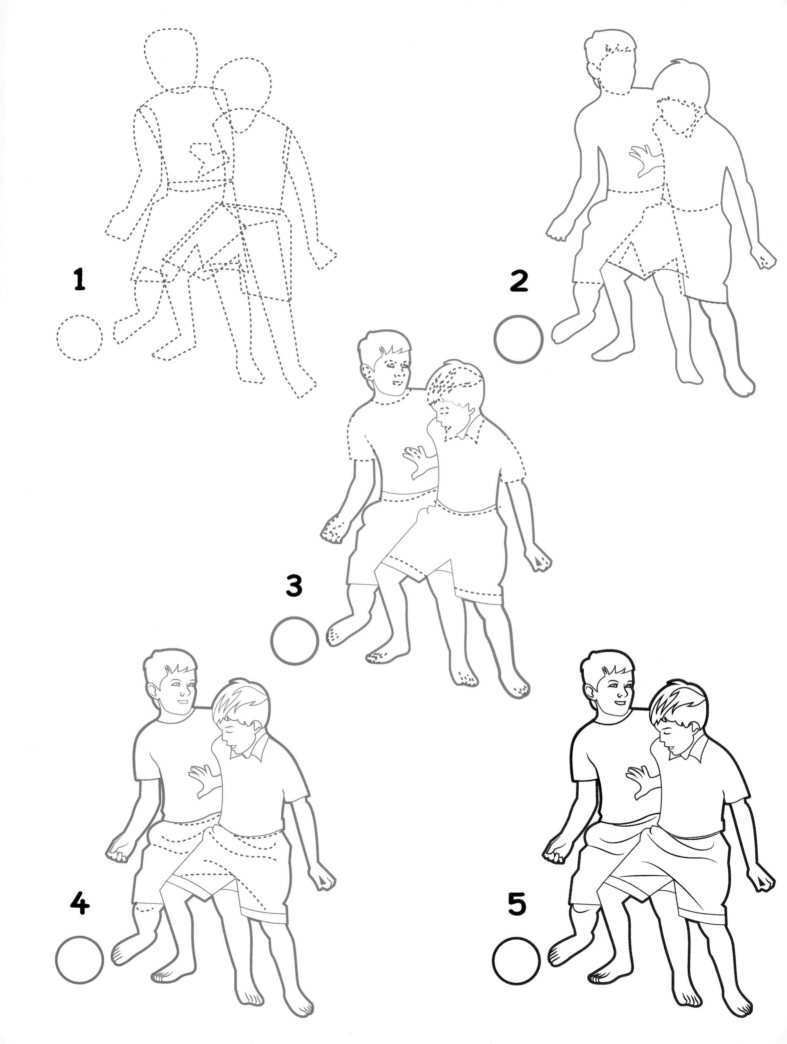

Practice Page

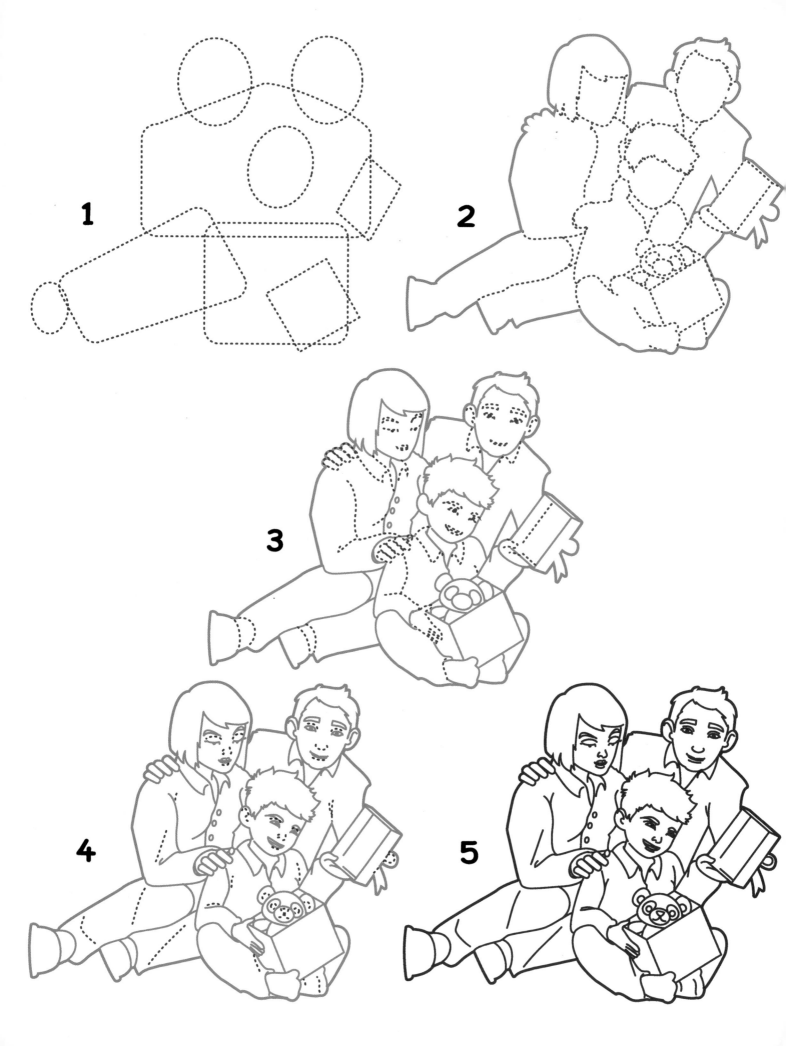

Practice Page

Practice Page

Practice Page

1

2

3

4

5

Practice Page

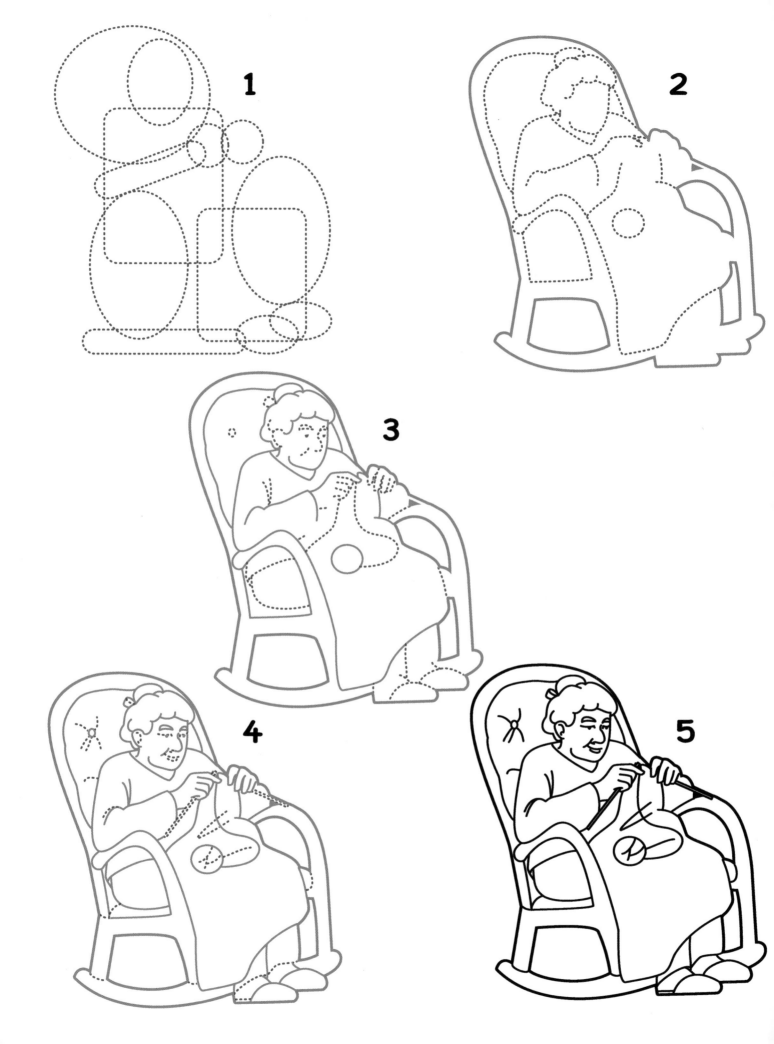

Practice Page

1

2

3

4

5

Practice Page

1

2

3

4

5

Practice Page

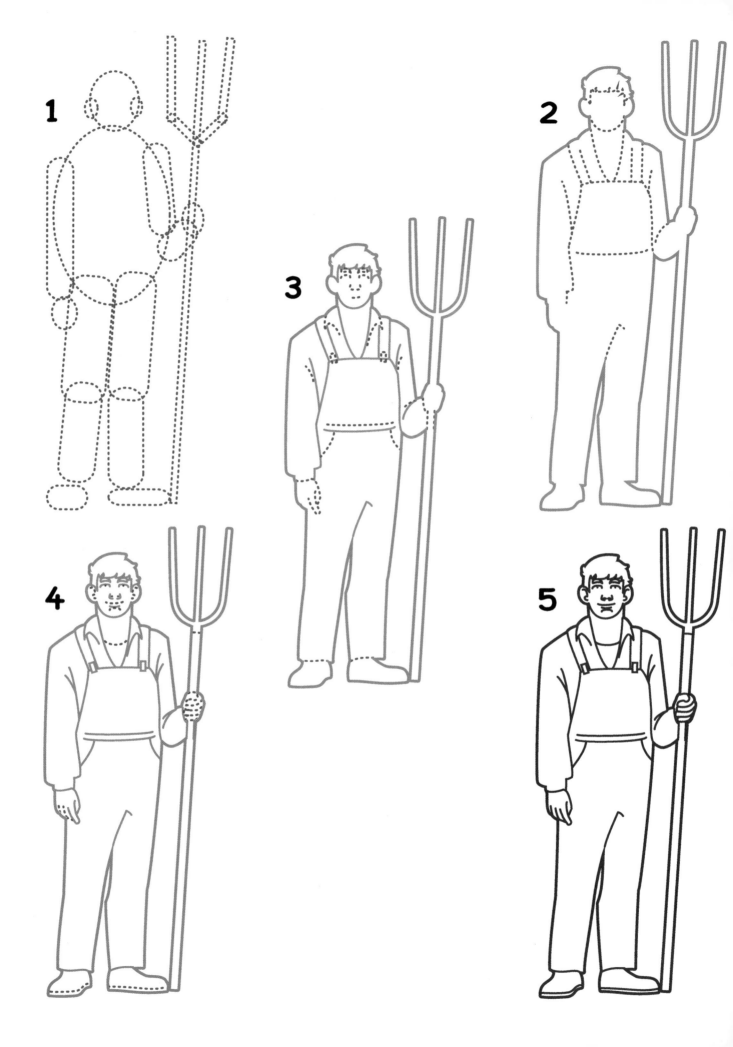

Practice Page

1

2

3

4

5

Practice Page

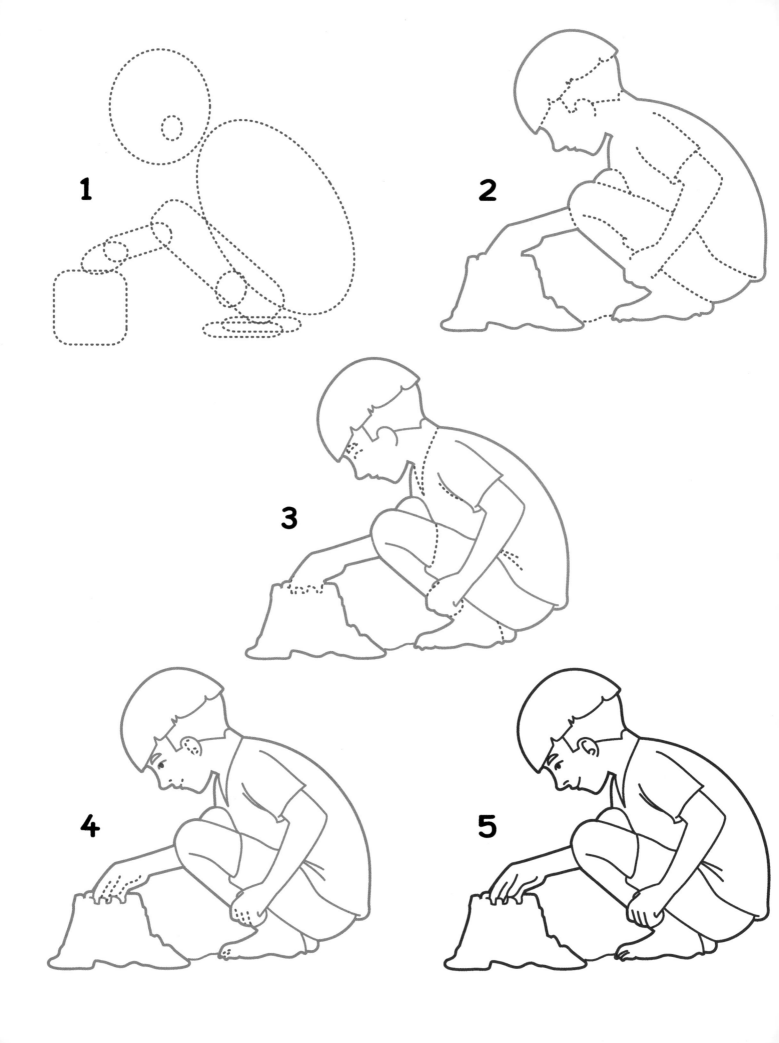

Practice Page

Practice Page

1

2

3

4

5

Practice Page

1

2

3

4

5

Practice Page

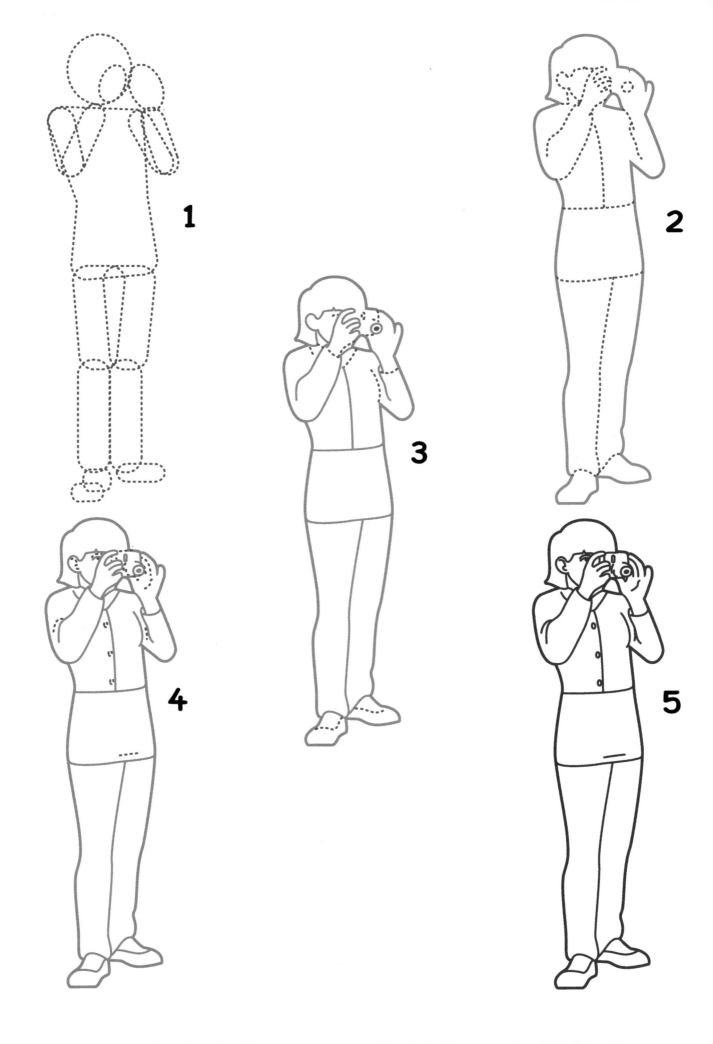

Practice Page

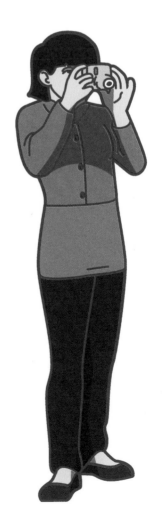

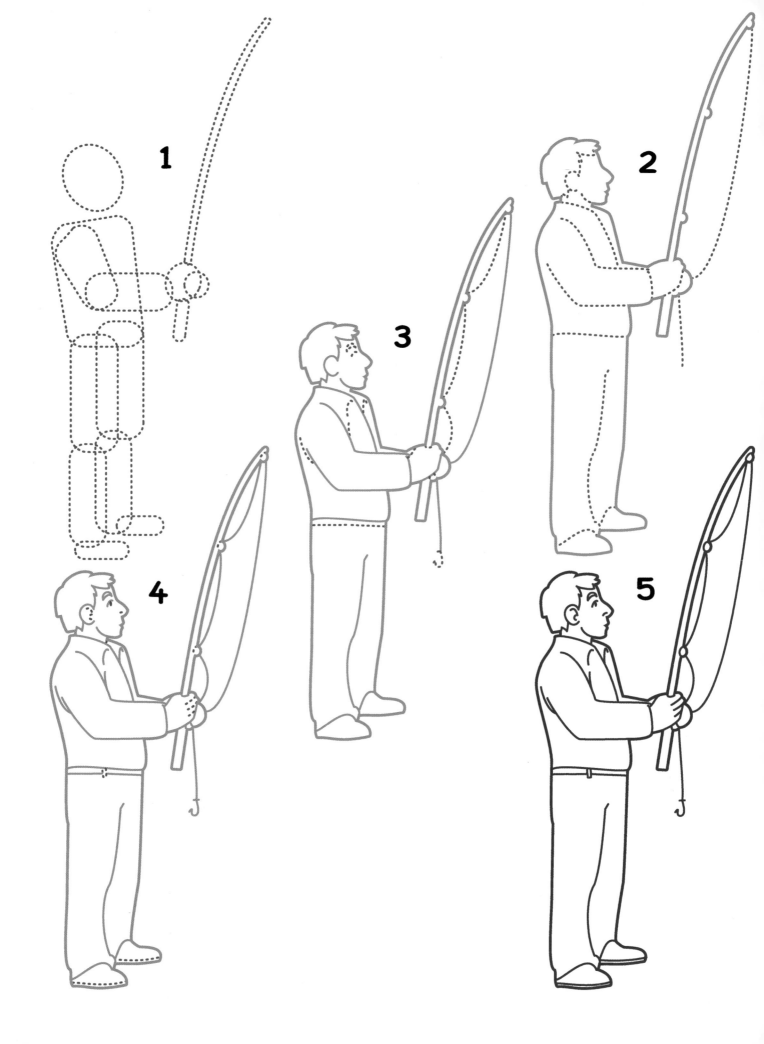

Practice Page

Practice Page

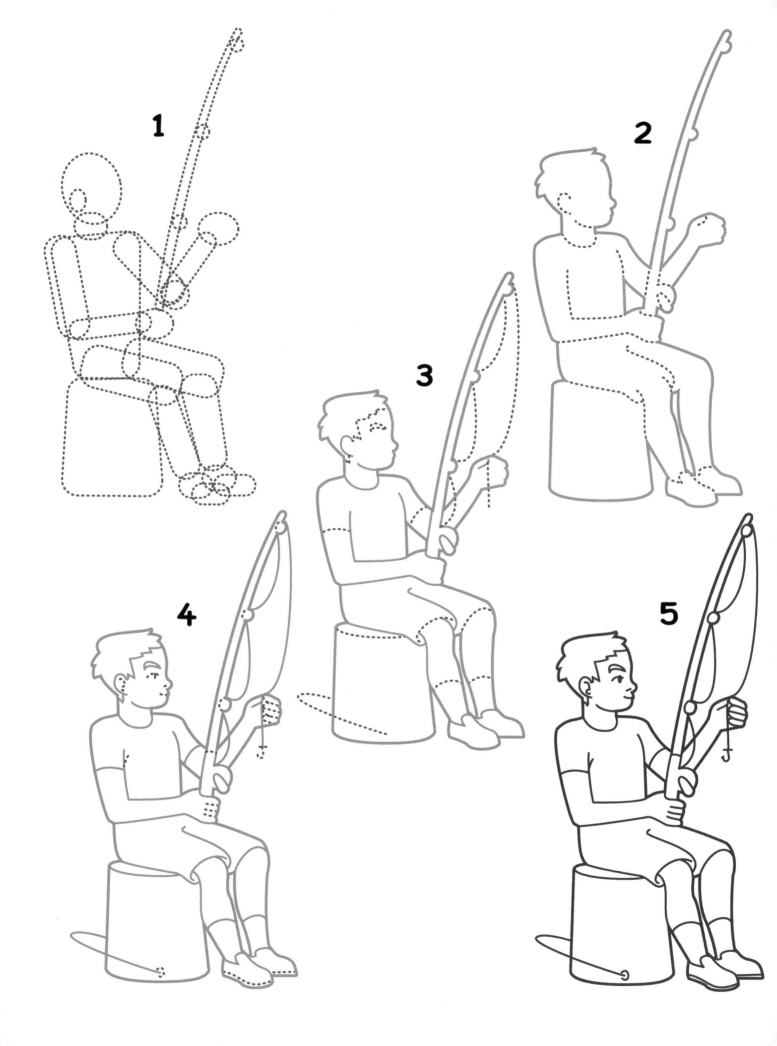

Practice Page

1

2

3

4

5

Practice Page

1

2

3

4

5

Practice Page

1

2

3

4

5

Practice Page

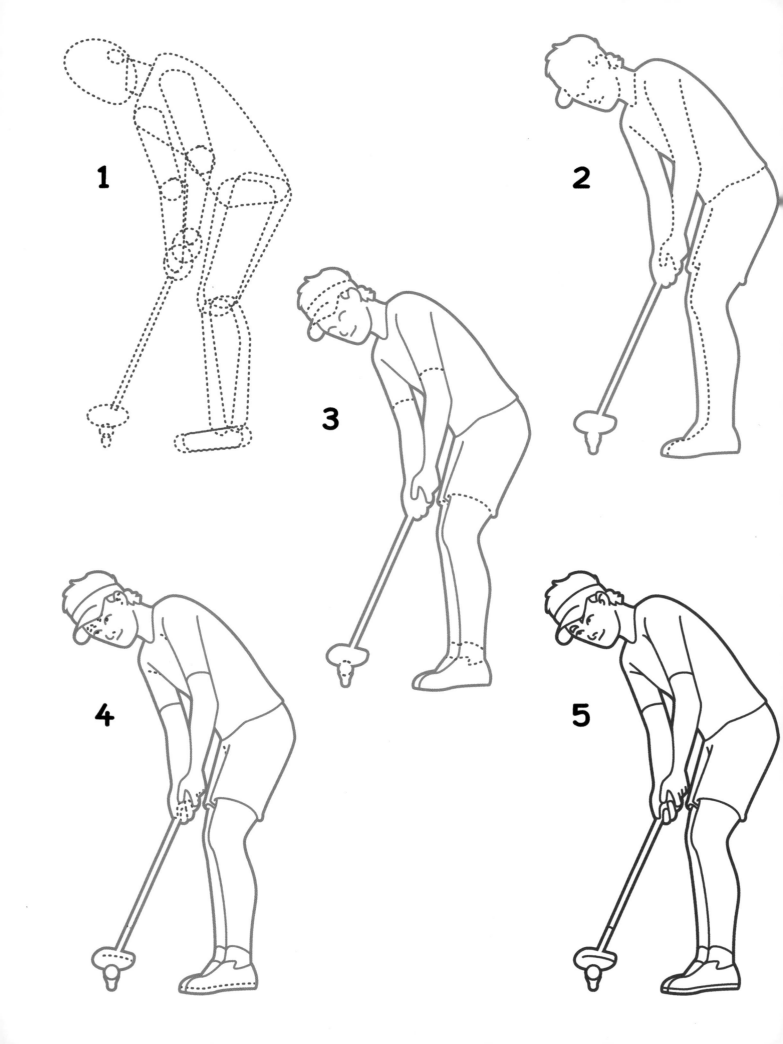

1

2

3

4

5

Practice Page

1

2

3

4

5

Practice Page

Practice Page

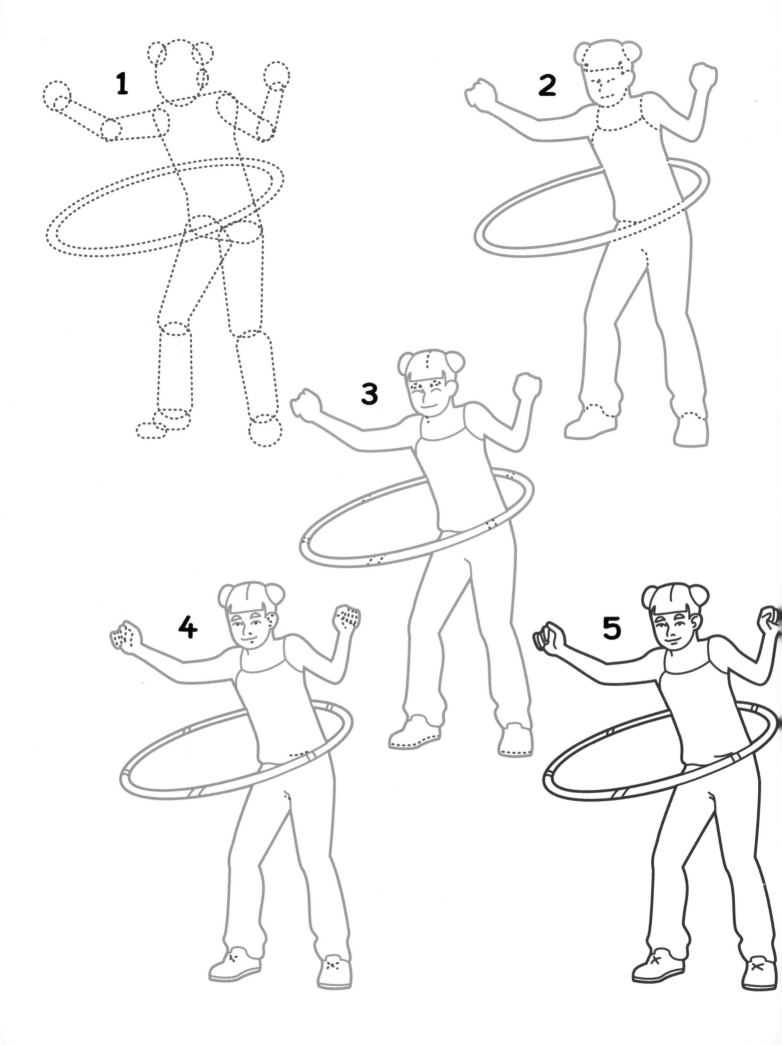

Practice Page

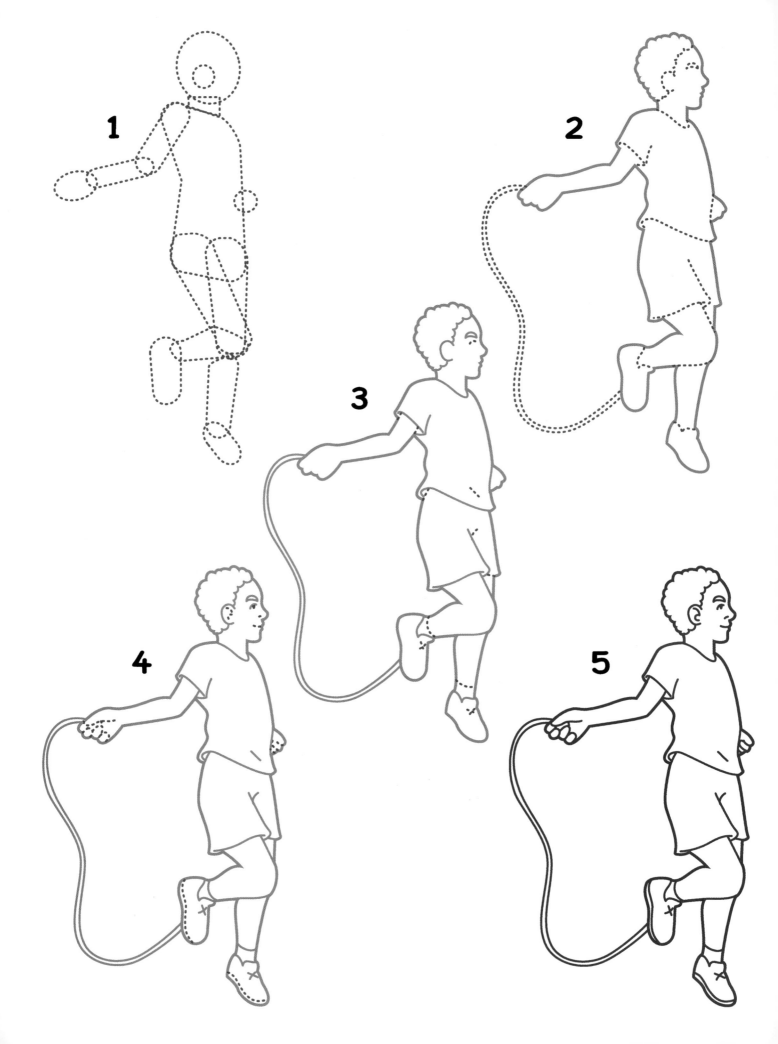

Practice Page

1

2

3

4

5

Practice Page

1

2

3

4

5

Practice Page

COLORING PAGES

Practice your new skills here!